# Weisheiten

...erlebt, verdaut, betrachtet, beschrieben!

1. Auflage: Juli 2014

Herstellung und Verlag:
BoD – Books on Demand, Norderstedt

ISBN: 978-3-7357-5741-8

AF125012

# Inhaltsverzeichnis

# Vorwort

Lieber Leser,

besonders in den letzten 25 Jahren meines Lebens (zwischen 1989 und 2014) mussten ich und meine Familie viele steile und holperige Pfade begehen. Ganz besonders in jener Zeit sind uns Menschen begegnet, die sich über Jahre hinweg unsere "Freunde" nannten, uns jedoch letztlich einen Tritt in den Allerwertesten verpassten, obwohl wir mit ihnen durch Dick und Dünn gegangen waren (Genaueres über diese Zeit werden Sie in meinem Buch "Und JETZT rede ICH!" erfahren). Wie oft haben wir uns in dieser Lebensphase über die Lügen und das Gerede unserer "ehrenwerten" Mitmenschen ärgern und dabei zusehen müssen, wie man uns unser Leben und unser eigentlich gutes Image ruinierte. Gott sei Dank blieben wir unserer geraden Linie bis heute treu und machten unser eigenes Ding. Dieses "eigene Ding" sind die Gedichte, die ich seit 12 Jahren (2002) schreibe und die immer mehr Menschen Freude zu bereiten scheinen. In diesem Buch, möchte ich Ihnen die Art der Gedichte vorstellen, die ich meistens mit einer gewissen Portion Frust geschrieben habe. Vielleicht helfen sie Ihnen auch ein wenig weiter, in Zukunft gewisse Situationen anders/besser zu meistern.

"Der Wein im Kelch der Weisheit schmeckte oft sehr bitter!"

Viel Spaß beim Lesen wünscht Ihnen der Autor Norbert van Tiggelen

# Wahrheitsgetreu

Meine Eltern sagten immer:
Kind, du musst stets ehrlich sein.
Dann wirst du in den Himmel kommen,
denn dein Geist ist brav und rein.

Dieses nahm ich mir zu Herzen,
doch ich musste oftmals spüren,
andre kamen meistens weiter
mit Getratsche und Allüren.

Auf der Strecke blieb ich häufig,
weil ich oft zu deutlich war.
Hatte gegen mich nicht selten
Menschen, meist in großer Schar.

Trotzdem will ich mich nicht ändern,
ich kann zu Gesagtem steh'n
und beim Blick in einen Spiegel
freudig in die Augen seh'n.

©Norbert van Tiggelen

# Vergangenheitsbewältigung

Einst von dir gemachte Fehler
musst du als Geschichte seh'n.
Wenn du über sie lang grübelst,
wirst du dir im Wege steh'n.

Sicher solltest du versuchen,
dass sie nicht noch mal passier'n.
Schließlich will man aufrecht gehen,
anstatt sich nur zu maskier'n.

Wirf es ab, das alte Laster,
es ist wie ein Klotz am Bein.
Denn gelebt wird in der Zukunft,
unbeschwert, wenn's Herz ist rein.

© Norbert van Tiggelen


Merke dir, was ich jetzt sage:
Hilfe kriegt ein jeder prompt.
Doch man steht oft hinter dir nur,
wenn der Schuss - von vorne kommt.

©Norbert van Tiggelen

# Nachher

Nachher ist man immer klüger,
es muss erstmal was gescheh'n,
dass wir Menschen Einsicht zeigen
und auch andre Wege geh'n.

Hätte man mit etwas Rücksicht
seinen Nächsten angefasst,
wäre Zank oft nicht entstanden,
und man hätt' sich nie gehasst.

©Norbert van Tiggelen

# Bodenständig

Bodenständigkeit ist eine
Gabe, Leute, glaubt es mir;
eine Stärke weiser Menschen
und ein Lebenselixier.

Hast du sie nicht, wirst du spüren,
dass du, wenn du Ruhm erlangst,
nicht nur um dein gutes Image,
sondern auch um Freunde bangst.

© Norbert van Tiggelen

# Menschen

Menschen gibt's in vielen Formen,
gertenschlank und auch sehr dick.
Große Hünen, kleine Zwerge -
jeder mit 'nem andren Tick.

Schwarze, Weiße, Braune, Gelbe,
ob als Kinder - Mann und Frau;
Kranke, Forsche, Starke, Schwache,
jung und knackig - alt und grau.

All die massenhaften Seelen
sind ein Teil von dieser Welt,
sollten miteinander handeln,
friedlich unterm Himmelszelt.

Doch da gibt es eine Sache,
die den Frieden oftmals stört:
Manch ein Mensch, anstatt zu achten,
lieber auf den Reichtum schwört.

©Norbert van Tiggelen

# Ablenkungsmanöver

Menschen brauchen oft 'nen Sünder,
über den man lautstark flucht,
dem man anhängt manches Laster
und bei dem man Fehler sucht.

Würden diese schwarzen Schafe
hier auf unsrer Welt nicht sein,
wäre manche Lästerzunge
unbeliebt und sehr allein.

Meistens hetzt der miese Heuchler
- oft merkt er es selber nicht -
nur aus dem ganz simplen Grunde:
dass man über ihn nicht spricht.

© Norbert van Tiggelen


Oft ist man sich nicht im Klaren,
dass so manche Seele bricht,
wenn man, ohne nachzudenken,
überstürzte Worte spricht.

©Norbert van Tiggelen

# VORSICHT beim Outen!

Sich zu outen, ist gefährlich,
und ich sag dir auch, warum;
hab es oft genug erfahren:
Nicht ein jeder schweigt - wie dumm!

In ganz höllisch schweren Zeiten
habe ich mich angelehnt,
denn ich habe mich nach Obhut
und nach guten Tipps gesehnt.

Doch ich musste oft erkennen:
mein Vertrauen wurd' missbraucht;
deshalb ging ich eigne Wege -
und bin somit abgetaucht.

Darum rate ich dir eines,
ist ein Rat ganz lieb und fein:
Prüfe gut, bei wem du beichtest -
denn es könnt' ein Schwätzer sein.

© Norbert van Tiggelen

# Recht machen

Es den Menschen recht zu machen,
ist ein wahrlich schwerer Job.
Deine Mühen, es zu schaffen,
enden meistens als ein Flop.

Eines ist zudem ganz sicher,
irgendwer kriegt keine Ruh.
Er bleibt letztlich auf der Strecke -
dieser jene, der bist DU!

© Norbert van Tiggelen

Wer sich mit fremden
Federn schmückt,
ist nicht nur blöde
und verrückt;
er zeigt zudem,
ihm fehlt der Mut,
dass er mal
etwas Eignes tut.

©Norbert van Tiggelen

# Respekt

Respekt bedeutet Menschen nehmen,
wie sie nun mal halt so sind,
ganz egal ob Schwarzer, Weißer,
Mannsbild, Dame oder Kind.

Toleriere auch den Schwachen,
irgendwann ist er mal stark;
warst du zu ihm fair und ehrlich,
trifft er dich niemals ins Mark.

Habe Achtung vor dem Fremden,
andrer Leute Hab und Gut,
spiele nicht mit deren Eigen,
um zu zeigen deinen Mut.

Darum sage ich dir eines,
schaff' dir keine schwere Last:
Gehe um mit deiner Mitwelt,
wie du's selber gerne hast.

©Norbert van Tiggelen

# Sturkopf

Menschen, die der Sturheit treu sind,
sind oft schwach und mittellos,
haben keine Argumente -
ihre Weitsicht ist nicht groß.

Wenn du dich mit ihnen anlegst,
glaube mir, du leidest dann.
Denn ein solch verbohrter Sturkopf
lässt kein' Ratschlag an sich ran.

© Norbert van Tiggelen

# Standfest

'ne Wirbelsäule hat ein jeder,
das ist doch wohl sonnenklar.
Sie dient dazu, dich zu stützen,
Tag für Tag und Jahr für Jahr.

Rückgrat aber, das ist komisch,
haben nicht mehr viele Leut',
weil man leider immer öfter
eine eigne Meinung scheut.

© Norbert van Tiggelen

# Schlimm, schlimm

Schlimm ist es, wenn man von Fremden
über sich was Schlechtes hört.
Zähneknirschen ohne Ende,
denn man ist total empört.

Du stellst deiner Seele Fragen,
was man gegen dich bloß hat?
Warst doch immer fair und ehrlich,
nahmst vor'n Mund ja nie ein Blatt.

Doch genau da ist der Knackpunkt -
deine pure Ehrlichkeit;
diese nervt so manche Seele,
Unmut macht sich in ihr breit.

Darum wundre dich nicht drüber,
viele Menschen sind halt schlicht:
Dass man über ehrlich' Leute
oftmals böse Worte spricht.

© Norbert van Tiggelen

# Unterwürfigkeit

Menschen, die sich immer fügen,
ecken nur sehr selten an.
Hat man jedoch keine Meinung,
zieht man sich in einen Bann.

Dieser Bann bedeutet Kummer,
Frustration und tiefe Pein.
Denn dann tritt man dir sehr häufig
in den süßen Hintern rein.

©Norbert van Tiggelen

# Verkleidete Freunde

Freunde sind manchmal
verkleidete Feinde,
eine ganz linke
und fiese Gemeinde.

Sie spielen nicht selten,
dass sie keinen haben,
und woll'n sich im Grunde
an dir nur erlaben.

©Norbert van Tiggelen

# Nobody is perfect

Fehlerfrei ist keine Seele
hier auf dieser großen Welt.
Jeder hat so seine Macken,
man ist doch kein Märchenheld.

Schwächen sind doch bloß ein Zeichen,
dass man halt ein Mensch nur ist.
Sie auf andre abzuwälzen,
ist für mich 'ne falsche List.

Leider gibt's so manchen Menschen,
der dies freudig gerne tut.
Weil er menschlich einfach arm ist,
ihm zur Einsicht fehlt der Mut.

Was mich also richtig stark macht
und mir nimmt nicht mal den Schwung:
Wenn ich meinen Fehler merke,
sag ich auch „Entschuldigung".

©Norbert van Tiggelen

# Unterschätzen

Unterschätze nie im Leben
deine Gegner, glaub es mir.
Hochmut ist nach meiner Meinung
keine wirklich gute Zier.

Außerdem hat eine Seele,
die so denkt, meist nichts bewegt.
Darum wird sie auch nicht selten
spielend leicht aufs Kreuz gelegt.

© Norbert van Tiggelen

# Selbstsucht

Schönheit ist nicht immer alles,
ganz besonders äußerlich.
Oft schon ist es vorgekommen,
dass der Geist 'nem Chaos glich.

Von der eignen Pracht besessen,
werden Menschen oftmals blind:
und sie übersehen dann meist,
dass sie wahre Ekel sind.

©Norbert van Tiggelen

# Erster Schritt

Viel zu oft passiert's im Leben,
es geschieht ein kleiner Streit.
Eine simple Bagatelle
sorgt für Kälte - lange Zeit.

Ab und zu vergehen Jahre,
keiner gibt von beiden nach,
Darum liegt auch gar nicht selten
eine Freundschaft einfach brach.

Hätte einer von den beiden
einen Anfang mal gemacht,
trüge dieses Kleid der Freundschaft
wieder bunte Farbenpracht.

Darum ist es manchmal sinnvoll,
auch wenn man mit sich arg ringt,
dass man selbst den ersten Schritt macht,
über seinen Schatten springt.

© Norbert van Tiggelen

# Es wird Zeit

Nicht zu spät, ab einem Alter
wird es Zeit, dass man sinniert
und nicht weiterhin wie üblich
ziellos durch das Leben irrt.

Keiner von uns ist vollkommen,
jeder mal 'nen Fehlgriff macht.
Manche Not wär' nicht geschehen,
hätt' man etwas nachgedacht.

Es wird Zeit, den Weg zu ändern,
wenn du Fehler hast erkannt.
Denn sonst gleitet dir dein Leben
sicherlich mal aus der Hand.

©Norbert van Tiggelen

## Die wahre Schönheit

Die wahre Schönheit von Geschöpfen,
findest du in deren Köpfen.
Lass dich nicht vom Gelde blenden,
denn dann wirst du im Fruste enden!

© Norbert van Tiggelen

# Hilf trotzdem!

Hilf den Menschen in der Not,
auch wenn man dich dafür oft trat.
Nicht jede Seele, die ist falsch,
höre ruhig auf meinen Rat.

Ich verstehe deinen Missmut,
habe häufig selbst geflucht
und nach Gründen für den Undank
unermesslich lang gesucht.

Lasse diese schlechten Zeiten
einfach nur Geschichte sein
und zeig deinen Zeitgenossen,
dass dein Herz nicht ist aus Stein.

Seelen, die grad Hilfe brauchen,
können doch auch nichts dafür,
dass man dich gemein ausnutzte
und das auch noch mit Willkür.

©Norbert van Tiggelen

# Hier und jetzt

Oft schon hört' ich Menschen prahlen,
dass sie es sehr weit gebracht.
Damals waren sie die Helden,
hatten Geld wie Heu und Macht.

Oftmals sprach ich dann zu ihnen:
„Freunde, seid jetzt nicht verletzt -
rühmt euch nicht mit dem Vergangnen,
das, was zählt, ist hier und jetzt!"

©Norbert van Tiggelen


## Herrschender Diener

Weise Herrscher gibt's nur selten
und vom Himmel fall'n sie nicht;
müssen klug die Völker lenken,
um zu wahren ihr Gesicht.

Darum glaub mir meine Kunde -
eines ist doch sonnenklar:
„Schlau kann nur der Mensch regieren,
der auch mal ein Diener war."

©Norbert van Tiggelen

# Undank ist der Welten Lohn

Ich glaub' nicht mehr an das Gute,
sorry Leute, tut mir leid!
Meine Gunst, die wurd' getreten,
löchrig ist mein Seelenkleid.

Oft war ich der edle Retter
meiner „Freunde" in der Not,
ging mit ihnen durch die Hölle
als Gefährt' und Rettungsboot.

Immer wieder half ich Menschen,
doch der Dank war meistens Hohn.
Habe kaum noch Kraft zum kämpfen -
Undank ist der Welten Lohn.

Aber eins könnt ihr mir glauben,
hab es mir nicht abgewöhnt:
Ich helf' weiter jeder Seele -
nur nicht der, die mich verpönt.

©Norbert van Tiggelen

# Weltwunder

Menschen starren oft nach Großem,
wollen Sensationen seh'n -
größer, höher, schneller, weiter;
welch ein Kind soll das versteh'n?

Wir bezeichnen es als Wunder,
wenn ein Mensch ins Weltall fliegt
oder manch ein Prominenter
-zig Millionen Euro kriegt.

Diese Dinge sind alltäglich
hier auf unsrer großen Welt,
doch da gibt es andre Mächte,
und sie kosten nicht mal Geld.

Sehen, Hören, Riechen, Fühlen
sind des Menschen Wohlgenuss,
materielles Rumgehabe
sicherlich der größte Stuss.

Für mich zählt als großes Wunder,
ganz egal, ob Frau, ob Mann:
Wenn jemand von ganzem Herzen
lieben und auch lachen kann.

©Norbert van Tiggelen

# Zufriedenheit

Zufrieden will ein jeder sein,
vom Herzen und nicht nur zum Schein.
Drum schafft der Mensch oft wie ein Tier,
denn Geld ist meist das Elixier.

Hat er's endlich dann geschafft,
sich zu Großem hochgerafft,
merkt er häufig, oh wie dumm:
keine Freunde um ihn rum.

Trauert dann um viele Jahre,
wo ihm wuchsen graue Haare.
Hat nach Zaster nur gestrebt
und im Grunde nie gelebt.

Drum gebe ich dir einen Rat,
Halt dich fest an dem Zitat:
„Lebst du brav und ganz bescheiden,
wird manch Reicher dich beneiden."

©Norbert van Tiggelen

# Humor

Humor ist, wenn man trotzdem lacht,
schmunzeln kann, wenn's noch so kracht,
Rückgrat zeigt in schweren Zeiten,
die ein' leider auch begleiten.

Biete stets ein breites Lachen,
sonst wird man dich fertig machen.
Zeigst du Menschen Frust und Gram,
hält man dich für flügellahm.

© Norbert van Tiggelen


Der "Tätowierte",
glaubt man oft,
sich ständig nur
mit Leuten zofft.
Doch häufig, so
hab ich's erlebt,
mehr Dreck an einem
Weltmann klebt.

©Norbert van Tiggelen

# Unverzeihbar

Kennst du auch so miese Leute,
den' man nicht verzeihen kann;
ihre herzlos schlechten Taten
waren schuld an deinem Wahn.

Stehst du ihnen gegenüber,
dann verspürst du nichts als Groll.
Eine falsche Randbemerkung
und es sticht im Herzen doll.

Fühlen sich auch noch im Rechte,
stell'n dich gar als Lügner hin.
Über Fehler nachzudenken,
machte für sie keinen Sinn.

Auch wenn es - bei Gott!- nicht leicht ist,
starke Seelen schaffen's meist:
Mit solch Menschen geht nur eines -
lösche sie aus deinem Geist.

©Norbert van Tiggelen

# Vergebung

Fehler machen wir alltäglich,
ganz egal, ob Frau, ob Mann.
Keiner von uns ist vollkommen,
niemand dies bestreiten kann.

Oftmals gehen wir mit Menschen
kalt und heftig ins Gericht.
Tief in unserer Enttäuschung,
wägen wir das Strafmaß nicht.

So entstehen häufig Kriege,
die nicht hätten müssen sein.
Darum sollte man dem Nächsten
einfach mal ganz lieb verzeih'n.

Doch zum Schluss noch einen Tadel,
dieser Satz hat oft Gewähr:
„Wenn sich Fehler wiederholen,
fällt auch das Vergeben schwer."

©Norbert van Tiggelen

# Freisprechen

Menschen zu verzeihen, glaubt mir,
das ist meistens nicht so leicht.
Denn der Schatten der Enttäuschung
lange durch die Seele schleicht.

Außerdem, und das ist wichtig,
muss nicht nur der Mund verzeih'n;
auch das Herz, es muss vergeben,
sonst wirst du nicht glücklich sein.

© Norbert van Tiggelen

# Hochmut

Hochmut kommt meist vor dem Fall,
noch schwebst du vergnügt im All.
Doch gib Acht: Mit Übermut
geht nicht jeder Sturmlauf gut.
Selbstsucht ist, oh glaube mir,
nicht das beste Elixier.
Sie wird ganz schnell dafür sorgen,
dass man dich verachtet – morgen.

©Norbert van Tiggelen

# Standfestigkeit

Höre nicht zu viel auf andre,
oftmals reden sie nur Müll;
dort, wo viele Menschen weilen,
wird gequatscht in Hüll' und Füll'.

Bild dir deine eigne Meinung,
geh den Dingen auf dem Grund -
schließe nicht mit diesen Heuchlern
einen schier gemeinen Bund!

Irgendwann wirst du erkennen,
dass die Brut sich widerspricht.
Weil du mutig hinterfragt hast,
kommt ins Dunkle endlich Licht.

Einer wird sich dann bedanken,
jemand, der dich ganz hoch schätzt;
dafür, dass du nicht wie andre -
über ihn nur Lügen schwätzt.

© Norbert van Tiggelen

## Mittagsruhe

Jeder braucht mal eine Pause,
ganz idyllisch, ohne Krach.
Keinen Lärm, kein Rumgepolter -
niemand, der dir steigt aufs Dach.

Einfach seine Ruhe haben,
Schluss mit Hektik und Geschrei.
Seelenurlaub und Entspannung,
in der Zeit von eins bis drei.

Zeige auch mal deine Einsicht -
mach jetzt nicht die Augen zu!
Lies, hier steht es nett geschrieben:
„Gönne jedem diese Ruh'!"

©Norbert van Tiggelen


## Heuchlerlob

Einen Rat möcht' ich dir geben:
Schau der Wahrheit ins Gesicht.
Lässt du dich von Heuchlern loben,
bessert sich dein Handwerk nicht!

© Norbert van Tiggelen

# Haarsträubend

Ist dir schon mal aufgefallen,
dass es kommt recht häufig vor:
Über tolle Menschen schimpft man
sehr gemein und laut im Chor.

Ganz genau die bösen Zungen,
die doch lästern wie verrückt,
sind zumeist noch rundum glücklich
und von sich sogar entzückt.

© Norbert van Tiggelen

# Kannste mal eben?

„Kannste mal eben –
dauert nicht lange?".
Wenn ich das höre,
wird mir gleich bange.
Sage ich nämlich:
„Ich hab keine Zeit!" -
ist man meist böse
und prompt folgt auch Streit.

©Norbert van Tiggelen

# Hätte ich mal

Oft hört man von alten Leuten,
dass Gescheh'nes sie bereu'n
und sie sich darum nicht wirklich
auf die spätren Tage freu'n.

Hätte ich so manche Freundschaft
intensiver doch gepflegt
oder auch auf die Gesundheit
einen größren Wert gelegt!

Hätte ich in meinem Leben
etwas mehr an mich gedacht
und mir nicht mit Arbeitsleistung
ruiniert des Körpers Pracht!

Hätte ich doch manche Male
Lob und Kompliment gesagt,
wäre vieles nicht geschehen
und ich hätt' mich nicht geplagt.

Darum sollt' man jungen Menschen
öfters geben einen Rat.
Denn in seinem frühen Leben
hat man Weisheit nicht parat.

© Norbert van Tiggelen

# Vertrauensbruch

Ein Geheimnis zu verraten
ist kein Kavaliersdelikt,
du enttäuschst damit 'ne Seele,
die so schnell nicht wird geflickt.

All das dir einst Anvertraute
kam durch dich ans Tageslicht;
wie das Herz des Freundes blutet,
ahnst du im Geringsten nicht.

Darum rate ich dir eines:
Halt geheim, was dir vertraut!
Sonst hat ein frustriertes Wesen
wieder mal auf Sand gebaut.

© Norbert van Tiggelen

Mit wenig Worten viel zu sagen -
Menschen sich oft damit plagen.
Oft erkennt man nicht den Keim,
wie in diesem kurzen Reim.

©Norbert van Tiggelen

# Schadenfroh

Kennst du sie, die kalte Meute?
Diese hundsgemeinen Leute,
die auf deinen Absturz warten
und dir wünschen schlechte Karten?

Die sogar noch applaudieren
und niemanden alarmieren,
wenn es dir mal dreckig geht,
welch ein Mensch auch das versteht.

Sie erfreuen sich an Dingen,
die dir Frust und Ärger bringen.
Feiern dann auch noch frivol,
wichtig ist ihr eignes Wohl.

Doch glaub mir, es wird passieren,
dass sie eines Tags erfrieren.
Denn die Kälte, die sie geben,
werden sie bald selbst erleben.

©Norbert van Tiggelen

# Alltagsglück

Ein Sonnenstrahl am Morgen,
ein Licht in dunkler Nacht,
ein Gruß von einem Freund,
ein Kind, das herzlich lacht.

Ein sternenklarer Himmel,
ein Farbklecks an der Wand,
ein Blümchen in der Mauer,
ein Klee am Straßenrand.

Kein Geld kann es ersetzen,
kein Gold bringt es zurück-
wie wichtig ist im Leben
des Alltags kleines Glück!

© Norbert van Tiggelen

## Geld ist nicht alles

Willst du im Leben Freude haben,
dich mit Lustigkeit erlaben?
Dann denke dran: Mit Geld allein
wirst du nie richtig glücklich sein.

©Norbert van Tiggelen

# Kritik

Schlechte Kritik ist nicht immer
würdelos und bös gemeint.
Sie kann durchaus dazu nutzen,
dass in dir die Sonne scheint.

Soll ich immer zu dir sagen:
„Toll - das hast du gut gemacht!"?
Würdest du dir dann nicht denken:
„Hat er sich das echt gedacht?"

Wenn ich dich mal kritisiere,
mein' ich es nicht schlecht mit dir.
Ich will damit nur bezwecken,
dass du Gas gibst - glaub es mir.

Einen Rat möcht' ich dir geben:
Schau der Wahrheit ins Gesicht.
Lässt du dich von Heuchlern loben,
bessert sich dein Handwerk nicht!

© Norbert van Tiggelen

# Vertan, vertan

Lass dich nicht vom Äuß'ren blenden!
Schönheit, sie ist kein Beweis,
dass ein Mensch im Herzen rein ist
und sich rühmt mit Stolz und Fleiß.

Oft schon ist es vorgekommen,
dass 'nem ärmlichen Gesell
Wissen, Witz und Charme gehörten
und zudem ein dickes Fell.

©Norbert van Tiggelen

# Kleiner Finger

Reichst du mal den kleinen Finger,
um zu helfen - was passiert?
Häufig wirst du abgezogen
und dann auch noch massakriert.

Meistens leider - oh, wie traurig! -
hast du dich, na klar, verzählt,
denn du Blödmann merkst ganz plötzlich,
dass der ganze Arm dir fehlt.

© Norbert van Tiggelen

# Plötzlich

Plötzlich ist so vieles anders,
du bist jemand, den man liebt.
Jahrelang warst du ein Arschloch -
was es doch für Wunder gibt!

Plötzlich hat dein Wort Bedeutung,
wenn du sprichst, hört man dir zu.
Jetzt nickt man bei deinen Reden,
Zwischenrufe sind tabu.

Plötzlich bist du doch der Beste,
jeder glaubte fest an dich.
Keiner hat mal schlecht geredet,
niemand gab dir je 'nen Stich.

Plötzlich hast du viele Freunde,
man sieht dich nicht mehr als Last.
Böse Worte sind Geschichte -
jetzt, wo du doch Kohle hast.

© Norbert van Tiggelen

# Marschbefehl

Eine Freundschaft ist was Feines,
tut einer jeden Seele gut.
Sie gibt dir sehr schöne Dinge:
Selbstvertrauen, Kraft und Mut.

Doch was Gift ist für so'n Bündnis
und auch meistens Ärger bringt:
Wenn der eine stets erwartet,
dass der andere für ihn springt.

© Norbert van Tiggelen


# Verleumdung

Charakter ist das, was du bist.
Dein Stil und deine Melodie,
die Farbe deines Seelenkleids
als auch die täglich' Phantasie.

Der Ruf ist das, wie man dich sieht,
doch wägt ihn ab ein Neider.
Kannst du noch so reinlich sein,
bist du ein Schurke - leider.

©Norbert van Tiggelen

# Ferndiagnose

Menschen, denen's gut geht,
die keine Sorgen haben,
erkennen häufig leider nicht
der andren Menschen Narben.

Sie meinen, nur weil's ihnen
so richtig blendend geht,
wär' es auch bei andren so,
doch oft ist's umgedreht.

Dann heißt's, man sei ein Weichei
und auch ein Pessimist;
doch glaubet, wenn ich sage:
Sie reden oftmals Mist.

Denn Kummer zu bewerten,
wenn man auf Wolken schwebt,
geht meistens in die Hose;
ich hab es oft erlebt.

©Norbert van Tiggelen

# Rückgrat

Rückgrat, das ist eine Tugend,
die nicht wirklich jeder kennt.
Dort massiv für andre einsteh'n –
helfen, wo es wirklich brennt.

Seinen Mund mal aufzumachen,
dort, wo es grad dringend ist;
einem Freund die Hände reichen,
ehrlich, ohne Hinterlist.

Einen Kameraden schützen,
unbeirrt, mit breiter Brust,
mit ihm durch die Hölle gehen,
ohne Rücksicht auf Verlust.

© Norbert van Tiggelen

# Bedacht

Immer mit der Ruhe,
immer mit Bedacht.
Hektik hat noch niemals
irgendwas gebracht.

©Norbert van Tiggelen

# Ganz egal

Ganz egal, was du einst tatest -
wichtig ist das Hier und Jetzt.
Glaube nicht, weil du betucht warst,
wirst du heute noch geschätzt.

Manch ein Mensch würd' gerne flüchten
in die längst vergangne Zeit,
denn es ging ihm damals besser.
Geld bringt halt auch Heiterkeit.

Hier und heut als armes Schweinchen
zählst du nichts, und es wird klar:
Folglich freut sich jetzt ein Reicher,
der mal schwach und ärmlich war.

©Norbert van Tiggelen*

# Schnabel halten

Leider ist es oft der Fall,
dass es gibt 'nen großen Knall,
wenn du deine Meinung sagst -
deinen Mund zu öffnen wagst.

Wenn sie dann noch anders ist,
hält man sie für großen Mist,
und - wie soll's auch anders sein -
du stehst plötzlich ganz allein.

Eigentlich warst du nur ehrlich,
so was ist jedoch gefährlich;
weil sich viele Menschenseelen
mit der Wahrheit mächtig quälen.

Darum hör' auf meine Worte:
Du bist zwar 'ne tolle Sorte,
doch den Menschen du gefällst -
wenn du deinen Schnabel hältst!

©Norbert van Tiggelen

# Tritt kürzer!

Manchmal muss man Egoist sein,
da gibt's keine Diskussion.
Immer nur für andre da sein
sorgt einmal für Frustration.

Es sind zwar sehr nette Gesten,
doch sei bloß kein Hampelmann;
ich will dir damit nur sagen:
Vorsicht, man gewöhnt sich dran!

© Norbert van Tiggelen

# Schuldgefühle

Du hast schlimme Depressionen,
fragst dich oft: Warum? Wieso?
Bist du wirklich so ein Schlimmer,
ohne Anstand und Niveau?

Hör mir zu, du arme Seele:
Gib nicht auf! Sei dir im Klar'n,
du verkehrtest oft in Kreisen,
wo zu schlechte Menschen war'n .

© Norbert van Tiggelen

# Wichtigtuer

Er will immer oben stehen,
ewig an der Spitze gehen,
laut mit seinen Taten prahlen,
heller als die andren strahlen.

Kennt sich stets mit allem aus,
ist zumeist der Chef im Haus.
Fehler meint er nie zu machen,
liebt es, andre auszulachen.

Er hat für alles einen Rat,
ist der große Diplomat,
hält sich für perfekt und weise,
stellt die Weichen andrer Gleise.

Doch gib Acht, lass dich nicht blenden,
trage ihn nicht auf den Händen.
Denn oft schon habe ich entdeckt,
dass hinter ihm ein Maulheld steckt.

©Norbert van Tiggelen

# Verbotene Lieben

Verbotene Lieben,
die einfach entstehen,
werden nicht selten
Gefahren für Ehen.

Die Herzen sind hilflos,
die Augen meist blind -
so kommt man vom Weg ab,
und das oft geschwind.

Rettung ist schwierig,
denn Schmetterlingsschwärme
lassen dich schweben
und geben dir Wärme.

Drum sei dir bewusst,
spiel nicht mit dem Feuer!
Wenn's erstmal lodert,
bezahlst du es teuer.

© Norbert van Tiggelen

# Auskurieren

Oft schon sagtest du dir tapfer:
"Nimm dir bloß kein' Krankenschein!";
quältest dich halbtot zur Arbeit,
wolltest stets verlässlich sein.

Auch der Chef sah deine Leiden,
doch gejuckt hat es ihn nicht.
Schließlich bist du ja sein Sklave,
Tag für Tag und Schicht für Schicht.

Dich mal fair nach Haus zu schicken,
fiele ihm im Traum nicht ein,
denn durch deine rege Tatkraft
wird er reich - klingt's auch gemein.

Irgendwann, in ferner Zukunft,
wenn dein Balg ist ramponiert,
wirst du klagend zu dir sagen:
"Hätte ich mich mal auskuriert!"

© Norbert van Tiggelen

# Großen Bogen

Du musst nicht ein' jeden lieben,
fange ruhig an, auszusieben.
Wenn du spürst, es passt nicht ganz,
mime keinen Freudentanz!

Spiele nicht zum Schein Interesse,
denn dann fällst du auf die Fresse.
Schneller noch als vorstellbar
ist dein Leumund in Gefahr.

Einmal in den schlechten Klauen,
wird man dir nicht mehr vertrauen,
und aus diesem Sumpf zu finden,
ist sehr schwer, wenn Kräfte schwinden.

Halt dich fern von dunklen Leuten,
wollen dich zumeist ausbeuten.
Bevor du wirst verarscht, belogen -
mach um sie 'nen großen Bogen!

©Norbert van Tiggelen

# Kritisieren

Kritisieren ist sehr reizvoll,
und zudem auch noch brisant;
oftmals hat man durch 'nen Tadel
seinen Fehler doch erkannt.

Unverschämt find ich es aber,
wenn ein Mensch dich kritisiert,
der mit unermesslich vielen
Fehlern durch sein Leben irrt.

©Norbert van Tiggelen

# Entschuldigung

Dieses Wort hat Zauberkräfte,
seine Macht wird oft verkannt.
Nach Gebrauch von diesem Ausdruck
war manch Streit im Nu verbannt.

Drum benutze dieses Wörtchen
nicht erst dann, wenn nichts mehr geht.
Sag „Verzeih mir!" schon viel früher,
dass erst gar kein Streit entsteht.

© Norbert van Tiggelen

# Guter Rat?

Einen guten Rat zu geben,
tat ich "Blödmann" oft und gern.
Mich zu profilieren, glaubt mir,
lag mir dabei wirklich fern.

Doch so manche stolze Seele
nahm mir dieses richtig krumm,
weil sie doch wahrhaftig glaubte,
ich hielt sie für leer und dumm.

Mittlerweile mach ich's anders,
rate dort, wo es sich lohnt;
nicht bei Menschen, wo im Herzen
blanke Selbstverliebtheit wohnt.

Seitdem hab ich meine Ruhe,
mein Gewissen mich nicht plagt.
Muss nicht immer mit mir schimpfen:
"Hättest du mal nichts gesagt!"

© Norbert van Tiggelen

# „Freunde"

Viel zu oft gibt's leider Menschen,
die behaupten, „Freund" zu sein;
geben sich wie Tugendhafte -
hilfsbereit, diskret und rein.

Lernst du sie dann besser kennen,
merkst du: alles Schall und Rauch;
von den lauten Lobeshymnen
blieb nicht mal ein leiser Hauch.

Auch wenn sowas mächtig wehtut,
denke nach, mach dir nichts draus!
Sie erleichtern dir das Leben -
sie sortier'n sich selber aus.

©Norbert van Tiggelen

# Schweigepflicht

Wer zur Schulzeit schon gekränkt wurd',
weiß genau, wovon ich schreib.
Ständig wurdest du erniedrigt,
blaue Flecken oft am Leib.

Weintest viele stille Tränen,
denn man sollte sie nicht seh'n.
Bei den Eltern wurd' geschwiegen,
dass sie nicht zum Lehrer geh'n.

Diese Rowdies, die dich quälten,
wussten oft nicht, was sie tun.
Deine Seele wurd' gepeinigt,
kam auch nachts nicht mal zum Ruh'n.

Viele Jahre sind vergangen,
dir wird heut noch angst und bang;
diese Sprüche, Schläge, Tritte
folgen dir ein Leben lang.

© Norbert van Tiggelen

# Abseitsfalle

Es gibt Menschen zur Genüge,
deren Leben eine Lüge;
flunkern jeden Tag aufs Neue,
zeigen nicht mal eine Reue.

Schwindeln sich vorbei an Freunden,
würden sogar 's Kind verleumden.
Schlimm ist nur: Sie merken nicht,
dass ihr Image langsam bricht.

Eines Tages kommt 's Erwachen,
denn dann wird es richtig krachen.
Weil - der ganze Trug und Schein
holt sie wie 'ne Sturmflut ein.

Ganz alleine und verlassen
wird ihr Antlitz sich verblassen.
Denn was wirklich funktionierte,
war die Falle, die beschmierte.

©Norbert van Tiggelen

# Ja und Amen

Kritisiere nur den Menschen,
der es auch vertragen kann.
Ehrlichkeit ist eine Bürde,
die nicht einsieht jedermann.

Nur weil deine klare Wahrheit
nicht in andrer Köpfe passt,
wird man über dich schlecht reden,
wirst bespuckt und auch gehasst.

Sage einfach: „Ja und Amen,
Mann, das hast du gut gemacht!"
Somit stellst du jeden gnädig
und es wird kein Streit entfacht.

Nur da gibt es ein Problemchen,
welches oft nicht wird geseh'n:
Der, der keine Kritik annimmt,
wird manch Prüfung nicht besteh'n.

©Norbert van Tiggelen

# Weltenbummler

Ich war schon auf dem Holzweg
und flog auf Wolke Sieben;
bin oft durch meine Nachsicht
schon auf der Streck' geblieben.

Ich war auf hundertachtzig
und das schon manches Mal;
trat oft in einem Fettnapf -
denn falsch war meine Wahl.

Ich war zum falschen Zeitpunkt
oft am verkehrten Ort.
Dort, wo ich Wahrheit sagte,
da schickte man mich fort.

Ich war im Tal der Tränen,
oftmals auf falscher Spur.
Vertraute miesen Leuten -
ein Weltenbummler pur.

© Norbert van Tiggelen

# Hüte dich!

Brandgefährlich sind oft Leute,
die im Leben nichts besaßen,
sowohl Klugheit, Geld und Hausrat,
alles nur in kleinen Maßen.

Dann kommt plötzlich so ein Treffer,
wie er selten nur passiert.
Aus dem einst so kleinen Däumling
wurd' ein „Wer", der jetzt marschiert.

Er rächt sich nun an den Menschen,
die ihm einst so wehgetan.
Es gab da so manche Seele,
die ihm fühlte auf den Zahn.

Darum sage ich dir eines,
nutze diesen Rat geschwind:
Hüte dich vor kleinen Leuten,
die etwas geworden sind!

© Norbert van Tiggelen

# Mittlerweile

Mittlerweile bin ich älter,
hab im Leben viel gelernt,
Freunde fest ins Herz geschlossen
und von Heuchlern mich entfernt.

Mittlerweile bin ich reifer,
nicht mehr tapsig wie ein Kind;
wehe nicht mehr wie 'ne Fahne
mit dem kalten Lebenswind.

Mittlerweile bin ich weiser,
ich durchquerte manches Loch.
Stell mir auch darum die Frage:
Mensch, verdammt - was kommt denn
noch?!

© Norbert van Tiggelen

# Mit Ehrlichkeit

Mit Ehrlichkeit - oh glaube mir -
machst du dir sehr oft Feinde.
Passt sie manchem Lügner nicht,
wird größer die Gemeinde.

Mit Ehrlichkeit - oh glaube mir -
rennst du vor kalte Mauern,
und wenn du qualvoll untergehst
wird's kaum ein Mensch bedauern.

Mit Ehrlichkeit - oh glaube mir –
wirst du es nicht weit bringen.
Man wird dich mit manch' Heuchelei
schon in die Knie zwingen.

Mit Ehrlichkeit - oh glaube mir -
wirst manchen du vertreiben.
Doch genau die Richtigen,
sie werden bei dir bleiben.

©Norbert van Tiggelen

# Nachwort

Lieber Leser.

Und - ist es mir gelungen, Sie an einigen Stellen dieses Buches zu berühren?- Ich hoffe ja, denn schließlich habe ich alltägliche Situationen beschrieben, die jedem von uns sicherlich mal zugestoßen oder vorgekommen sind - oder es noch werden. In der Hoffnung, dass dieses Buch von vielen Menschen gelesen wird, die danach dann hoffentlich (noch) etwas bedachter durchs Leben gehen, verabschiede ich mich mit lieben Grüßen.

Der Autor Norbert van Tiggelen

## Impressum

Titel-Idee:

Gabriela Lesner/N. van Tiggelen

Cover-Foto:
Manfred Gorus, München

Lektorat:
Heidi Friedrich, Lampertheim

Gedichte/Texte:
© Norbert van Tiggelen,
Wanne–Eickel (Herne 2)